034

京の近代建築

文　たかぎみ江
写真　福尾行洋

はじめに

京都の街並みといえば、
どんな風景が思い浮かぶでしょう。
古いお寺でしょうか。町家の家並みでしょうか。
けれども、京都はじつは近代建築の宝庫。
明治時代から戦前にかけて建てられた
西洋建築が、たくさん残っています。

★

その多くは学校や郵便局だったり、
雰囲気のよいレストランだったりして、
今でも変わらぬ姿で
都市生活に役立ってくれています。
近代建築もまた
「京都らしい」風景の一部なのです。

★

この本では、明治、大正、昭和に分けて、
近代建築の見どころをわかりやすくご紹介します。
毎日なにげなく前を通り過ぎている建物も、
きっとあるはず。近代建築に親しむと、
京都の街がますます生き生きと
見えてくることでしょう。

Modern Architecture
in KYOTO

INDEX

MEMO

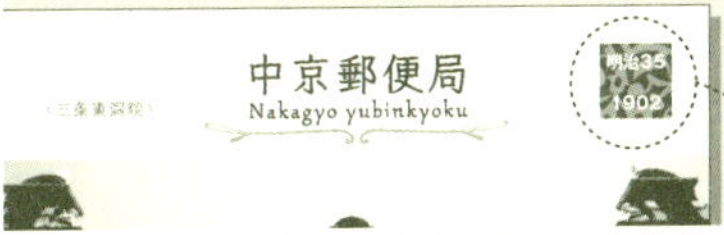

建築の竣工年は
ここに
記載しています

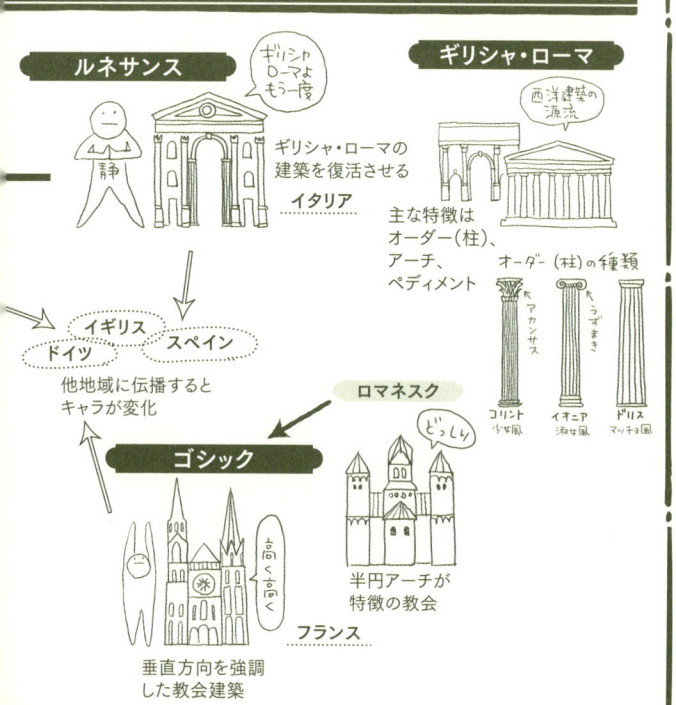

CLASSIC

歴史主義建築

過去の様式をつかおう

1400　1000　B.C.

ルネサンス

ギリシャ・ローマの
建築を復活させる

イタリア

ギリシャ・ローマ

主な特徴は
オーダー(柱)、
アーチ、
ペディメント

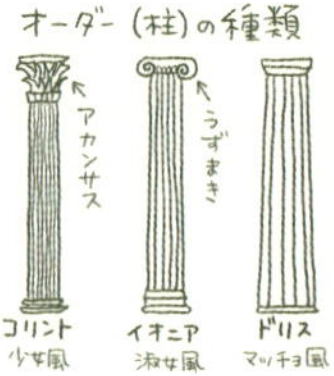

イギリス
スペイン
ドイツ

他地域に伝播すると
キャラが変化

ロマネスク

半円アーチが
特徴の教会

ゴシック

フランス

垂直方向を強調
した教会建築

過去の様式をベースにしてデザインした建築を歴史主義建築(様式主義建築)といいます。建物の用途や規模や性格に合わせて、どんな様式を選ぶか、どんなアレンジを加えるかが建築家の腕の見せどころです。それぞれの様式の“キャラ”をつかむと、建築めぐりが楽しくなります。

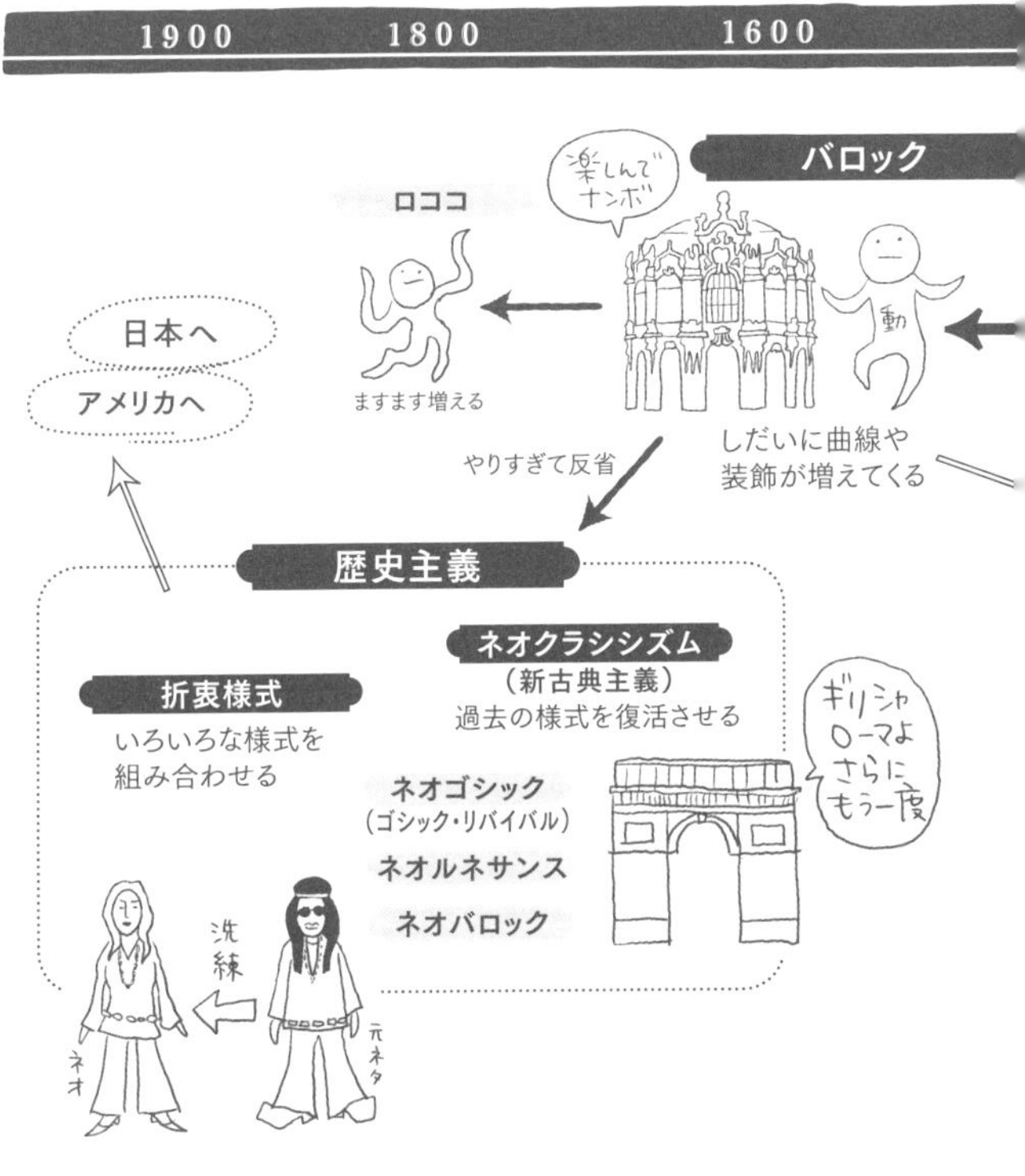

MODERNISM

モダニズム

過去の様式をやめよう

1850

アール・ヌーヴォー

フランス・ベルギー

鉄やガラスに
よく合うよ

曲線を
多用した装飾

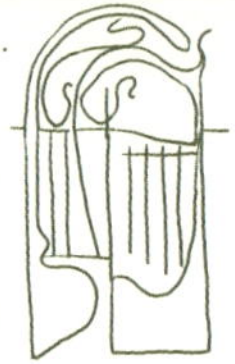

鉄・ガラス

アール・デコ

幾何学的な装飾

コンクリートにも
よく合うよ

アーツ・アンド・クラフツ

イギリスの工芸運動

表現主義

魂を
ぶつける

内面的な
感情を表現

ドイツ

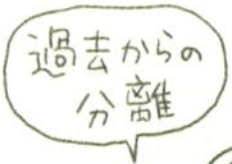

ゼツェッション
（分離派）

過去からの
分離

ドイツ・オーストリア

19世紀後半〜20世紀にかけて、過去の様式から自由になろうとするさまざまな芸術運動がヨーロッパで活発になりました。こうした近代建築運動のことをモダニズムといいます。大正時代以降の近代建築には、モダニズムのいろいろな潮流が散見できます。

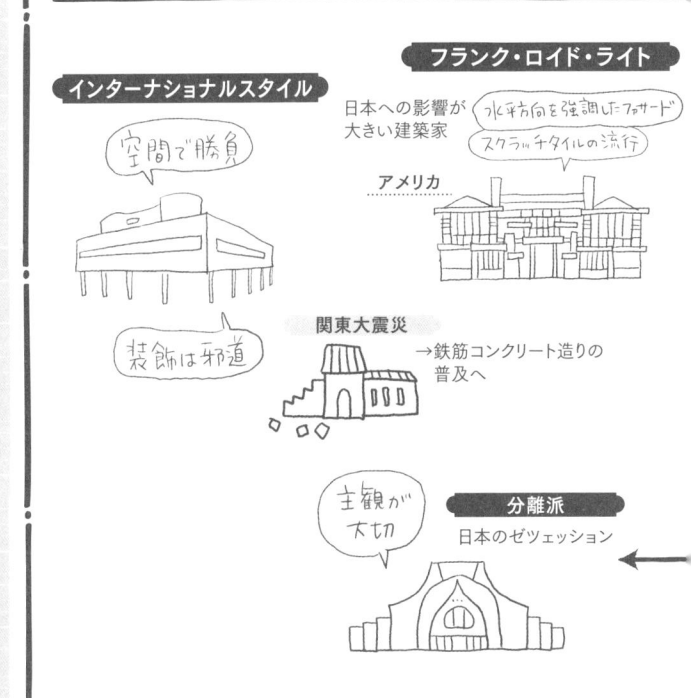

1950

インターナショナルスタイル

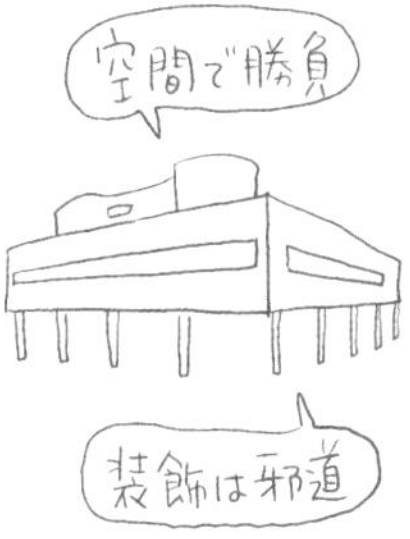

フランク・ロイド・ライト

日本への影響が
大きい建築家

アメリカ

関東大震災

→鉄筋コンクリート造りの
普及へ

分離派

日本のゼツェッション

主な用語解説

格天井(ごうてんじょう)

格子を組んだ上に板を張った天井。格式の高い和室に用いられる。

折上格天井(おりあげごうてんじょう)

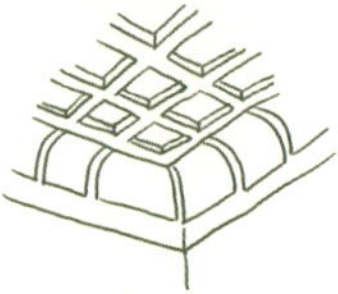

中央部を一段高く仕上げた格天井。格天井よりさらに格式が高い。

要石(かなめいし)

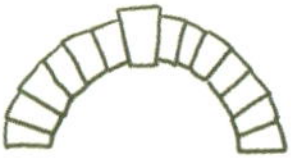

アーチ構造の中心になる石。様式建築では装飾的に用いられることも多い。

下見板(したみいた)

横板を少しずつ重なり合うように貼りつけたもの。外壁の仕上げに用いる。

小屋組(こやぐみ)

屋根裏の骨組み。

ファサード

建築の正面。

スペイン瓦

スペイン産の、オレンジ色の素焼きの丸瓦。大正の終わりごろから流行した。

破風(はふ)

屋根の三角形の部分。

唐破風(からはふ)

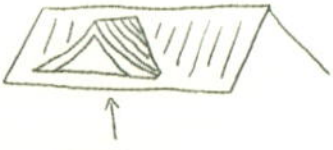

千鳥破風(ちどりはふ)

持ち送り(もちおくり)

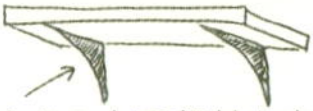

梁などの水平部材を支えるための突き出した部分。

テラコッタ

素焼きの焼き物の一種。石よりも軽くて扱いやすいため、おもに建築の装飾に用いられた。

ペディメント

窓や出入り口の上部にある、三角形の部分。様式建築では重要な装飾要素の1つ。

京の近代建築

長楽館

明治

文明開化が始まると、近代化に必要な設備を建設するため、多くの外国人技師が来日しました。お雇い外国人もいれば、ヴォーリズ（p53）のようにキリスト教伝道のために訪れた人もいます。同志社大学（p24）の煉瓦造校舎も、外国人による設計です。

同時に、日本の民間の職人も独自に西洋建築を学習し、さかんに洋風の建築を建てました。家邊徳時計店ビル（p28）はそのような建築の一つです。

1868～1912

やがて、日本人建築家を育てることが国策になります。大学で専門教育を受けた日本人が、庁舎や銀行などの公共建築の設計に携わるようになります。こうした第一世代の建築家による本格的な西洋建築が、京都国立博物館(p12)や、京都文化博物館別館(p20)です。

こうして開国から驚くべき速さで西洋建築を習得できたのは、新時代への情熱もさることながら、江戸時代から引き継がれてきた大工や左官職人の技術水準が非常に高かったことも理由の一つでしょう。

明治28
1895

京都国立博物館

Kyoto kokuritsu hakubutsukan

〈東山七条〉

日本人が生んだ本格派西洋建築

正門から見る。東山を背にした雄大な配置

片山東熊《とうくま》は西洋式の建築教育を受けた第一世代の建築家です。宮内省匠寮《たくみりょう》の技師として赤坂離宮をはじめとする多くの宮廷建築を手がけました。この京都国立博物館は日本人建築家の手によって京都に初めて実現した、本格的な西洋建築です。ルネサンス様式を基調にしており、丸みを帯びた角型ドーム屋根が特徴的。国内で採れない大理石の代わりに国産の沢田石《さわだいし》が使われるといった工夫もなされました。しかし竣工当時、洋風のデザインは古都にふさわしくないと批判を受けました。京都ではどんな建築も避けて通れぬのが景観論争なのかもしれません。

大きなペディメントが正面のポイント。彫刻は芸術を司る毘首羯磨（びしゅかつま）と伎芸天

漆喰仕上げの中央広堂は荘厳な美しさ。イオニア式列柱がめぐり天窓（現在は閉鎖）から光が落ちる

Data

構造：煉瓦造　京都市東山区茶屋町527　☎075-525-2473

設計者：片山東熊　9:30～17:00　平常展500円　*map➤p86*

京都府庁旧本館

Kyoto fucho kyuhonkan

〈烏丸丸太町〉

明治37
1904

いまだ現役、新時代の府庁舎

大理石を贅沢に使った階段室。大きな窓から中庭の光が降り注ぐ

（上）職人の技術力がうかがえる内装（下）旧知事室には暖炉や執務机も当時のまま残されている

外壁の仕上げは石に似せたモルタル塗り

現役で使用されている府県庁舎としては最も古いものです。明治中期に府県制度が整備されると、近代的な行政システムに合った庁舎のデザインが模索されました。中でも京都府庁は完成度が高く、その後の府県庁舎建築のお手本になったものです。ルネサンス様式をベースにした、威厳がありながら洗練されたプロポーション。中庭を囲んで、議事堂や正庁（セレモニー用の広間）といった必要な機能がロの字型に配される平面計画です。この中庭の西洋式庭園を造園したのが、平安神宮神苑などを手がけた庭師、七代目小川治兵衛です。

Data

構造：煉瓦造
設計者：松室重光、久留正道、一井九平

京都市上京区下立売通新町西入藪之内町　☎075-414-5433
10:00～17:00（月～金曜）　無料　*map➢p84*
http://www.pref.kyoto.jp/sisan/1214473296472.html

中京郵便局

Nakagyo yubinkyoku

〈三条東洞院〉

明治35
1902

赤色の壁が伝える明治の面影

左右対称で、ギリシャ・ローマ風の窓飾りがついたルネサンス式

ぜひ京都文化博物館別館（p20）と見比べてみましょう。作風の異なる煉瓦建築がこれほどご近所に残っているのは貴重です。互い違いに並べられた白い隅石《すみいし》（角に積まれた石）のおかげで一見賑やかですが、色彩を抜きにして見ると、意外に端正なルネサンス様式だとわかります。技巧を凝らした京都文化博物館別館に対し、静的な赤煉瓦です。取り壊しが決まった際には反対運動が起き、昭和五三（一九七八）年、日本初の「ファサード保存」で存続することとなりました。

交互に積まれた白い隅石が赤煉瓦にアクセントをつける。
派手に見えるが、色を除いてみると意外に端正

POINT

外壁だけを残して建て替える

ファサード保存

外壁部分だけを残し、内部は改築する保存方法のことです。安全性、機能性、コストなどの面で存続が難しくなった建造物に対し、本物らしさは多少損なわれますが、「開発」と「保存」を両立させる1つの方法です。

Data

構造:煉瓦造
設計者:吉井茂則
京都市中京区三条通東洞院東入菱屋町30
map➢p84

〈三条高倉〉

京都文化博物館 別館

Kyoto bunka hakubutsukan bekkan

明治39
1906

赤煉瓦に花崗岩の白ストライプがトレードマークの「辰野式」

赤レンガ×白い帯の「辰野式」

明治の洋館というと、赤煉瓦を思い浮かべる人は多いはず。そんなイメージの生みの親と呼べるのが、この旧日本銀行京都支店を設計した辰野金吾です。辰野は明治・大正を代表する建築家。一九世紀後半のイギリスで流行したクイーン・アン様式（赤煉瓦を用いた、過去のさまざまな様式が混在する折衷様式）を吸収して、「辰野式」と呼ばれる独自のスタイルを生み出し、東京駅をはじめ日本中に作品を残しました。京都では、第一勧業銀行京都支店、北國銀行京都支店などが辰野の設計です。

インテリアは竣工時の姿に復元されている。壁の漆喰細工、持ち送りの透かし彫り、どれも繊細で見ごたえがある

中京郵便局（p18）と比べ、過剰ともいえる正面玄関の装飾や、高さを強調したゴシック調の屋根など、動的な要素が強い

旧営業室は巨大な吹き抜け。柱・天井・回廊の褐色と、漆喰壁の白とが鮮やかなコントラスト。モノクロで撮影しても美しい

Data

構造:煉瓦造　設計者:辰野金吾、長野宇平

京都市中京区三条高倉　☎ 075-222-0888
10:00～19:30　月曜休（祝日の場合はその翌日）、12/28～1/3休　map→p84

〈烏丸今出川〉

同志社大学

Doshisha daigaku

明治17～
1884～

美しい赤レンガのキャンパス

クラーク記念館
明治26（1893）年竣工。
斜めについたドイツ風の
塔がドラマチック

アーモスト館
ヴォーリス事務所が設計。学生寮として現在も使われている

同志社大学のキャンパスは近代建築の宝庫。なかでも明治中期につくられた煉瓦造の校舎が五棟も残っているのはたいへん貴重で、また美しいものです。大学のシンボルともいうべきクラーク記念館は、ドイツ人建築家リヒャルト・ゼールによる、ドイツ・ネオゴシック様式の印象的な建築です。キャンパスにはヴォーリズ事務所による校舎も残っており、昭和七（一九三二）年に竣工したアーモスト館はその一つです。礼拝堂と有終館は、どちらもD・Cグリーンの手による飾り気のないアメリカ風ゴシックの建物ですが、アーチの形や煉瓦の積み方に違いが見られます。

同志社礼拝堂（チャペル）
明治19（1886）年。日本人大工による洋風の小屋組も見ごたえがある

有終館
明治20（1887）年に書籍館として竣工。当時国内最大の学校図書館だった

Data

構造：煉瓦造　他
設計者：D.C.グリーン、リヒャルト・ゼール　他

京都市上京区今出川通烏丸東入ル
☎075-251-3120（広報課）　*map➢p86*

コロニアル風の住まい

新島旧邸

Nijima kyutei

同志社大学の創立者、新島襄の邸宅です。明治11（1878）年に竣工し、洋風の木造住宅では京都で最古。ベランダをぐるりとめぐらせたコロニアル様式ですが、屋根や扉などには和の要素も見られ、時代の空気を伝えています。

京都市上京区寺町通丸太町上ル松蔭町
☎075-251-3042（同志社社史資料センター）　公開日：3～7月、9～11月の水・土・日曜日（祝日を除く）、春・秋 御所の一般公開期間（連続5日間）、11月29日（同志社創立記念日）　🕘10:00～16:00　*map➢p84*

〈三条富小路〉

家邊徳時計店ビル

Yabetoku tokeiten building

明治23
1890

近代建築の建ち並ぶ三条通でももっとも歴史が古い

文明開化の時を三条通に刻む

三条通は、明治末に四条通の拡張工事が行われるまで、京の街のメインストリートでした。中央が広い三連アーチが印象的なこの建物は、煉瓦を使った洋風店舗の最も初期のものとしてたいへん貴重です。かつては舶来の時計を扱う商店で、文明開化の象徴だった大きな時計塔が屋根に載り、三条通のシンボルになっていました。内部には、二階に繋がる螺旋《らせん》階段や、六畳ほどもある大きな二階建て金庫室があり、その鉄の扉には修学院離宮の油絵が描かれています。

入口上部の装飾。店内には田村宗立の油絵が描かれた鉄扉付きの巨大な金庫室が

アーチの中央に要石。窓の上にはペディメント。様式建築のさまざまな装飾を用いている

Data
構造:煉瓦・石造　京都市中京区三条通富小路東入中之町27
設計者:不詳　☎075-221-0450　***map➢p84***

明治36
1903

京都ハリストス正教会
生神女福音大聖堂
Kyoto harisutosu seikyoukai
shoshinjo fukuin daiseido

〈柳馬場二条〉

ロシアの木造教会を京の街に

京の街並みで異彩
を放つ美しい下見
板張りの教会

30枚のイコン（聖像）で飾られたイコノスタス（聖障）は圧巻

日本のハリストス正教会の中で、現存するものでは初期の木造の教会です。ロシアの伝統的な木造教会がベースとなり、西から東に向かって玄関、啓蒙所、聖所、至聖所の四つの部分が一列に並び、尖った鐘楼と、小さなタマネギ型ドームを頂いた屋根が天に伸びているのが特徴です。このスタイルはその後に日本で建設されたハリストス正教会の雛形になりました。設計者は、京都府庁旧本館と同じ松室重光です。庁舎と教会、様式も構造も全く違いますが、どちらも後世のお手本になるほど巧みに仕上がっています。

Data

構造：木造
設計者：松室重光

京都市中京区柳馬場二条上ル6丁目　☎075-231-2453
内部は礼拝時（日曜10:20〜12:30）のみ拝覧可（要問合せ）

map➤p84

〈祇園〉

長楽館
Chourakukan

明治42
1909

ため息の出るような室内装飾とシャンデリア。職人の腕前に驚くばかり

豪華絢爛、たばこ王の迎賓館

階段を館の中央に据えるのはバロック様式によくある手法

たばこの製造・販売で財をなした実業家、村井吉兵衛の別邸です。国内外の要人が訪れる社交場に似つかわしい、贅を極めたインテリアが見どころ。素材や様式の多彩さを楽しみましょう。応接室は、精緻な曲線状の装飾を特徴とした、軽くて優美なルイ一五世時代のロココ様式です。そのほかバロック様式のレストランや、アール・ヌーヴォーのステンドグラスのあるモダンなサンルーム、東洋的な文様で彩られた中二階、さらに本格的な和室まであります。高級な家具や調度品も、当時のまま多く残っています。

（上）ロココ様式の応接室
（左）ルネサンス様式の外観は、内装の華やかさからみると意外なほど落ち着いている

Data

構造：鉄骨石造
設計者：J.M.ガーディナー

京都市東山区八坂鳥居前東入円山町604
☎075-561-0001　🕒カフェ10:00〜21:30（L.O）／カジュアルレストラン「コーラル」11:00〜21:00（L.O）／フレンチレストラン「ル・シェーヌ」11:00〜14:00（L.O）、17:00〜20:30（L.O）　無休　***map➢p84***

京都市東山区馬町通東大路西入上新シ町358
map➢p86

煉瓦積みの工場建築

関西テーラー

Kansai tailor

旧村井兄弟商会のたばこ工場。明治37(1904)年にたばこが専売になると、専売公社の工場として使われました。東側には凝った積み方の塀が残ります。また隣接する旧器械館は現在、ウイークリーマンションとして活用されています。

水路閣

琵琶湖疏水が運んだ 近代化の幕開け

琵琶湖疏水の工事を任されたのは、なんと大学を出たばかりの21歳の技師、田《た》邊《なべ》朔《さく》郎《ろう》。国家レベルの大事業を成功に導き、京都の近代化を促しました。

南禅寺境内を横切って琵琶湖疏水の支流を運ぶ水路。明治23（1890）年に竣工、現在も毎秒2トンの水が流れます。煉瓦のアーチは当時としては斬新でした。今でも「お寺を土木構造物が横切る美しい風景」というのは珍しいですね。

Data　京都市左京区南禅寺福地町　☎075-771-0365（南禅寺）
境内自由　*map➢p86*

ねじりまんぽ

斜めにトンネルを掘る際、最も強度のある工法で煉瓦を積むとねじれたような形になることから、この名で呼ばれています。設計は田邉朔郎。

Data　京都市左京区南禅寺福地町
map ➢ p86

蹴上発電所

5年の歳月をかけて明治23(1890)年に完成した琵琶湖疏水は、水運や灌漑《かんがい》のほか、発電にも用いられました。わが国初の事業用水力発電所です。現存するこの建物は第二期の発電所で、明治45(1912)年の竣工です。

Data　京都市左京区粟田口鳥居町
map ➢ p86

京の美意識の結晶

四条京町家

〈四条西洞院〉

明治43
1910

明治は洋風建築が導入される一方で、質の高い和風住宅が多くつくられた時代でもあります。この家は明治四三年、鋼材卸商の隠居所として建てられました。間口が狭くて奥行きが長く、前栽《せんざい》(庭)のある典型的な京町家。表は格子で覆われています。中でもこれは大きな商家によくみられる表屋《おもてや》造りと呼ばれるタイプで、表の見世《みせ》(店舗)の棟と、奥の生活棟が分かれており、さらに奥に蔵があるのが特徴です。京の暮らしとともに歩んできた町家は、人々の知恵や技術が凝縮されており、きわめて洗練された美しさと合理性とを兼ね備えています。

表から長い通り庭を望む。手前が見世で、奥が母屋。このように店と住居の棟が分かれた「表屋造り」は商家に多い

a. 表から裏庭まで続く土間は「通り庭」。高い天井がかまどの煙や湯気を逃がし、台所に明かりを落とす b. 京言葉でかまどのことは「おくどさん」c. 軒上で家を守る「鐘馗（しょうき）さん」d. 前栽は町家同士が密集した街区に風の通り道をつくってくれる e. 表の2階には漆喰で塗った「虫籠（むしこ）窓」。光と風を取り入れ、火災の延焼を防ぐ

d

c

e

Data
構造:木造
設計者:不詳

京都市下京区四条通西洞院東入郭巨山町11 ☎075-213-0350
10:00〜21:00 水曜休 無料 *map➢p84*

大正

大正時代になると、建築材料に変化が生じます。コンクリートの登場です。関東大震災を契機に石造・煉瓦造は姿を消し、鉄筋コンクリート構造の表面に煉瓦タイルを貼る、という方法が一般的になりました。新風館（p44）はその好例です。新しい材料に似合ったデザインが考案されるようになったのです。

また、同時代のヨーロッパでは、過去の様式からの脱却を唱えるモダニズム（近代建築運動）が起きていました。日本の建築家たちはこれ

1912～1926

を積極的に吸収し、ヨーロッパの最新トレンドを日本に紹介します。京都大学建築学科の礎を築いた武田五一（p65）もそんな一人でした。旧京都中央電話局西陣分局舎（p48）やレストラン菊水（p54）も、この時代の雰囲気がよく表れた建築です。

住宅では、和風住宅に洋風の応接室を備えたすまいが流行しました。町家に洋館をつけ加えた紫織庵（p56）は、京都ならではの和洋折衷スタイルといえるでしょう。

〈烏丸御池〉

新風館
Shinpukan

大正15
1926

目に鮮やかなリノベーション

一見ただの壁だが、タイルの並べ方を変えて模様を描いている

新しい鉄骨部分はビビッドな青や黄色、古い部分はブラウンのタイル。新旧の共生が一目でわかる

中庭をうまく生かした計画。外の風景はごく普通のオフィス街だが、中庭に入ると別世界。ヨーロッパの都市を思わせる

古いビルに鉄骨の回廊をめぐらせ、中庭を大胆に使って、にぎやかな商業施設へと変身させました。重厚なコンクリートと軽快な鉄骨、タイルの茶色とビビッドカラー、新旧の素材・構造の対比が目にも鮮やかです。元の持ち味を生かしながら新しい意味を与える、リノベーションの好事例といえるでしょう。元々の用途は、京都中央電話局。当時の先端デザイナー集団を擁していた逓信《ていしん》省の建物です。機能的なオフィスビルながら繊細なデザインで、烏丸通に面した壁面をよく見ると、タイルの並べ方に変化をつけて表情を出しているのがわかります。

Data

構造：鉄筋コンクリート造　京都市中京区烏丸通姉小路下ル場之町586-2

設計者：吉田鉄朗　☎075-213-6688　🕘11:00～23:00　map➤p84

〈七条西洞院〉

セカンドハウス七条西洞院店

Secondhouse shichijonishinotouinten

大正4
1915

ドリス式列柱は信頼のあかし

ドリス式の柱が4本も並ぶ。小柄なのだがなかなかマッチョ

たばこ王、村井吉兵衛が創設した村井銀行の七条支店です。列柱を特色とする古典主義建築（古代ギリシャ・ローマ様式）のデザインは、戦前の銀行建築に好んで用いられました。長い伝統のある意匠は、格式と信頼感をイメージさせるためでしょう。こちら七条支店では、古代ギリシャ様式の中でも最も起源が古く、最も力強いプロポーションのドリス式が採用されていて、小規模なのに重厚で迫力があります。内部は気軽なレストランとして活用されており、一歩足を踏み入れると、外観とは印象ががらりと変わるのも面白い体験です。

吹き抜け空間を生かしたレストラン。窓が大きく意外に明るい。陶芸ギャラリーや陶芸教室も開催

分厚い扉のある金庫室。現在は器などのギャラリーになっている

Data
構造:煉瓦造
設計者:吉武長一
京都市下京区東中筋通七条上ル文覚町402　☎075-342-2555
10:00-23:00　無休　*map➢p86*

〈堀川中立売〉

旧京都中央電話局
西陣分局舎

Kyu kyoto chuou denwakyoku nishijin bunkyokusha

大正10
1921

抽象的にデフォルメされてはいるものの、モチーフは裸婦

建築はガイスト・スピレーン

デフォルメされた裸婦のレリーフと彫像が埋めつくす、異形のファサードです。大正時代は、建築家が様式に代わる新しいよりどころを模索していた時代。この京都中央電話局西陣分局舎をデザインした岩元禄は、建築はガイスト・スピレーン（精神の遊戯）だと主張し、芸術性や個人の感覚を重視しました。この建築は、二十代で夭逝した岩元の内面の表現なのかもしれません。現在はベンチャー企業のための貸オフィスとして活用されています。

異形のファサードばかりに注目が集まりがちだが、全体的にはモダンな構成

逓信省営繕課といえば時代をリードするデザイナー集団だった

POINT

用途も新たに生まれ変わる

リノベーション

大規模な改修のことです。多くの場合、用途や機能の変更を含みます。古くなった建物を建て替えるのではなく、時代に合った形で活用する保存方法です。新風館、1928ビルなどはその好例といえるでしょう。

Data

構造：鉄筋コンクリート造
設計者：岩元禄

京都市上京区油小路通中立売下ル甲斐守町97
map➢p84

東華菜館
Tohka saikan

〈四条大橋西詰〉

大正15
1926

スペイン風 壁面装飾フルコース

ヤギの頭、怪魚、巻貝たちが出迎えてくれる玄関

おなじみ四条大橋のランドマーク。写真では見えないが、西側壁面もお洒落

ヴォーリズというと「駒井家住宅」（p80）をはじめストイックな美しさを湛えた住宅や教会が思い浮かびますが、ここでは遊び心いっぱいの装飾が魅力です。特に玄関を取り巻くテラコッタはあまりに個性的。タコや巻貝を探してみましょう。全体的な形はバロック様式を下敷きにしてはいますが、装飾の傾向はもっぱらスペイン風。イスラム風のアーチや伝統的幾何学文様がエキゾチックな雰囲気です。インテリアは一階から五階まで全て異なるという凝りよう。でも、盛りだくさんなのに品よくまとめる腕前はさすがヴォーリズといえましょう。

創業時のハンドル式エレベーターはいまだ現役。半円板は階数を示す。内部には東洋風の雷紋が

イスラム式の多弁形アーチ。イスラム文化の影響が色濃いスペイン風の装飾はエキゾチック

建築当時は西洋料理店だった。スペイン風の塔がひときわ目を引く屋上は夏にはビアガーデンに

Data

構造:鉄筋コンクリート造
設計者:ヴォーリズ建築事務所

京都市下京区四条大橋西詰　☎075-221-1147
🕘11:00〜21:30（L.O 21:00）　無休

map➤p84

志は大きく デザインは繊細に

W.M.ヴォーリズ

William Merrel Vories

メンソレータムの近江兄弟社の創立者、という顔のほうがおなじみかもしれません。ウイリアム・メレル・ヴォーリズは明治三八年、キリスト教の伝道のため二四才でアメリカから来日。近江兄弟社の設立のほか、近江八幡を拠点に精力的に福祉事業や文化事業を手がけます。さらに、独学で建築を学んでいたヴォーリズは建築事務所を構え、教会やミッション系の大学をはじめ、戦前だけでもなんと千五百件にのぼる建築を設計します。隅々まで細かに丁寧にデザインされ、使いやすさと気持ちのよさが持ち味です。慎ましやかな機能美のヴォーリズ建築は、まさに関西の宝といえましょう。戦時下には帰国する外国人が多い中、ヴォーリズは帰化して一《ひとつ》柳米来留《やなぎめれる》と名乗り、日本の地で生涯を送りました。

CHECK!

東華菜館

〈祇園〉

レストラン菊水

Restaurant kikusui

大正15
1926

クラシックな東華菜館に対し、モダンな菊水。垂直方向を強調したデザイン

パラボラはモダンの心意気

3階のシャンデリアは当時のまま。明かりが灯ると、光と影が天井に美しい模様を描き出す

1階の外壁は石張り。上のほうを見るとなぜか人面像（？）が

東華菜館（p50）とは同時期の竣工。ともに四条大橋のシンボルとして親しまれてきました。こちら西岸の菊水は、シャープなパラボラ（放物線）アーチの塔が目印です。パラボラは、従来の歴史様式から脱却しようと試みていた国内の建築家たちが、大正後期ごろから好んで用いていた形態です。屋根の素材は、モダンだとして当時たいへん人気があったスペイン瓦。こうしたデザインは、オーナーと地元の工務店が相談して考案したといいます。京都の草分け的洋風レストランとして最先端を取り入れようという意気込みが伝わってきます。

Data

構造:鉄筋コンクリート造
設計者:上田工務店

京都市東山区四条大橋東詰・祇園
☎075-561-1001　10:00～22:00　無休
map➤p84

和洋が同居する生活

紫織庵

〈新町六角〉
大正15
1926

明治時代より上流階級の間では、洋館と和館とを併置する邸宅が好まれました。洋館は接客に、和館は日常生活に、と使い分けていたようです。大正時代になるとこれが小型化し、玄関の脇に洋風の応接間を置いた住宅が流行しました。京都にも、伝統的な町家に洋館を併設したタイプが登場します。室町の豪商が暮らしていた紫織庵もその一つ。数奇屋の名匠、上坂浅次郎に、京都帝国大学教授の武田五一という、そうそうたる顔ぶれが設計に関わっています。茶室、竹内栖鳳《せいほう》の欄間、二階の洋間など、洋館以外にも見どころの多い豪華な町家です。

紫織庵は京都市指定有形文化財。折上格天井に寄木の床がとても贅沢な1階洋間の外装には、大正12年に竣工して話題になった帝国ホテル風のタイルを用いている

a

a. 広縁（ひろえん＝幅の広い縁側）と庭を隔てる大正時代の波打ちガラスが1枚も割れず現在に残る b. 東山三十六峰をモチーフにした欄間は日本画の大家、竹内栖鳳の作 c. 門からのアプローチ。洋館の外壁はライトの帝国ホテル風。 d. 大塀（おおべい）造りと呼ばれる、通りから塀で遮られた大きな町家。屋上には祇園祭の山鉾巡行を見物する「鉾見台」が

c

b

d

Data

構造:木造
設計者:上坂浅次郎、武田五一

京都市中京区新町通六角上ル三条町　☎075-241-0215
10:00～17:30　不定休　500円　map➢p84

S 昭和

大衆文化が花開いた昭和初期。いわゆる「昭和モダン」と呼ばれるデザインが流行します。

大正一二(一九二三)年に竣工したフランク・ロイド・ライトの帝国ホテルで用いられたスクラッチ煉瓦(引掻いた模様のついた煉瓦)が元になり、スクラッチタイルが大人気になりました。各種タイル、スペイン瓦なども、モダンな素材としてたいへん好まれました。またアール・デコが流行し、幾何学的な装飾が盛んに用いられました。

和洋折衷のデザインも目立ちます。京都市役所（p62）、京都芸術センター（p66）、先斗町歌舞練場（p68）、などには、モダンと和のどちらもが積極的に用いられています。

さらに、南座（p70）のようにコンクリートで日本の伝統建築を表現するものや、京都市美術館（p72）のように屋根だけを日本風にしたものも現れました。

しかし第二次大戦の激化により、終戦まで建築活動はほぼ停止することになります。

〈河原町御池〉

京都市役所

Kyoto shiyakusho

昭和6
1931

縦糸と横糸が織り上げる建築

中央玄関周りは密度の濃いデザイン。蓮の花弁などの東洋的モチーフも

鉄筋コンクリート造の堂々とした庁舎。設計を依頼された武田五一はこの仕事を、京大を卒業したばかりの中野進一に任せました。表面に水平方向の溝を何本も走らせて水平ラインを強調すると同時に、ネオ・ゴシック様式のような縦に連なる窓が垂直ラインを強調しています。この縦横のリズミカルなラインが全体を細かく分割し、大きな建築にありがちな圧迫感を和らげてフレンドリーな性格を与えています。今も毎日現役で使用され、通りがかりの人が前庭に憩い、イベント時には大勢の人で賑わいます。とても親しまれている市庁舎なのです。

フリーマーケットなど各種イベントが行われる前庭。繁華街にあり利用価値は高い

中央の塔から左右に両翼が伸びる典型的な官庁建築。その割にはフレンドリー

Data
構造：鉄筋コンクリート造
設計者：武田五一、中野進一
京都市中京区寺町通御池上ル上本能寺町488
☎075- 222-3046 map➢p84

世界の名建築家 2

京都を育てた自由な先生

武田五一

Takeda Goichi

一般にはあまり有名ではないかもしれませんが、武田五一はまちがいなく戦前の京都を代表する建築家の一人です。京都市役所、1928ビル（p78）、京大の時計台、京都府立図書館、と作品を挙げればおわかりいただけるでしょう。作風に一貫性がないように見えますが、それこそが武田五一の真髄。ヨーロッパに留学してアール・ヌーヴォーやゼツェッションなどの先端デザインをいち早く持ち帰り、古典的な様式から日本建築まで、あらゆるジャンルを使いこなしました。良いものは分け隔てなく取り入れる自由な精神の持ち主だったのです。また京都高等工芸学校（京都工芸繊維大学）と京都帝国大学（京都大学）で教鞭をとり、多くの後進を育てました。人柄もその作風と同様に鷹揚で、弟子たちに慕われたといいます。

CHECK!

賀茂大橋

京都芸術センター

Kyoto geijutsu center

〈室町蛸薬師〉

昭和6
1931

校庭から望む。屋根はスパニッシュ風のオレンジ色だが、じつは和瓦

町の人々が育んだ小学校校舎

京都には明治時代、全国でいち早く小学校（番組小学校）を設立した伝統があります。小学校は寄り合い所なども兼ね、コミュニティの中心を担ってきました。この明倫小学校はその中でも、地域の人々の寄付により豪華に改築されたもの。和の要素を加えつつ、当世風に自由にデザインされています。現在は京都の芸術・文化振興の拠点としてアーティストの制作・発表の場や市民が芸術に親しむ場にリノベーションされ、上手に活用されています。

公立小学校とは思えないほど豪華な造りの講堂。現在でも毎年、地域の文化祭の会場としても活用される。その他、書院造の和室なども備える

ノスタルジーを誘う廊下。教室を生かした情報コーナーやカフェもある

水飲み場。連続半円アーチのモチーフは校舎の随所に使われている

Data

構造:鉄筋コンクリート造
設計者:京都市営繕課

京都市中京区室町通蛸薬師下ル山伏山町546-2
075-213-1000　10:00～20:00（カフェは～21:30、制作室・事務室は～22:00）

map➤p84

〈先斗町〉

先斗町歌舞練場

Pontocho kaburenjo

昭和2
1927

をどりの場で東西が交錯する

先斗町側。流行のスクラッチタイル

歌舞練場は、京都特有の建築です。花街先斗町の街並みにひときわ風情を添え、「鴨川をどり」で知られるこの先斗町歌舞練場は、劇場建築の名手と謳われた木村得三郎の設計。流行のアール・デコやフランク・ロイド・ライトを意識したと思われる、幾何学形の窓やスクラッチタイル（引掻き模様の素焼きタイル）が特徴的。一方でタイルをなまこ壁風に仕上げたり、和風の瓦を使ったりもしています。古今東西の要素をまとめあげた、通好みの作品です。

鴨川側。ファサードは左
右2つの部分に分けて変化
をつけている

和風の瓦で葺かれた屋根。舞楽
の演目「 蘭陵王」のお面を模っ
た鬼瓦が建物の四方に据えられる

四角い瓦の継ぎ目に漆喰をかまぼこ形に
盛る日本伝統のなまこ壁をタイルで表現

Data

構造:鉄筋コンクリート造
設計者:木村得三郎

京都市中京区三条大橋西詰 ☎075-221-2025

map➢p84

〈祇園〉

南座
Minamiza

昭和4
1929

入母屋屋根の下に唐破風。豪壮な雰囲気の桃山風

桃山風は歌舞伎にお似合い

「阿国歌舞伎発祥之地」の碑が建つ川端通側。コンクリートで木造の小屋組みを表現しようとしている

平成3年に内部は大幅に改修されたが、外観は保存された

四条河原付近は、出雲阿国が〝かぶき踊り〟を始めた歌舞伎発祥の地。その地に建つ南座は、元和年間（一六一五～一六二三）に幕府に公認された七つの芝居小屋のうち、現在も残る唯一の劇場です。寺院や城郭建築のように、破風を重ねたり、唐破風《からはふ》を用いたり、華やかな装飾金具などが特徴の桃山風破風造りです。コンクリートという異なる素材で、木造建築のディテール表現が試みられています。壮大で華やかな印象の桃山様式は、明治以降の劇場建築にはしばしば用いられてきました。

Data
構造:鉄筋コンクリート造
設計者:白波瀬直次郎

京都市東山区四条大橋東詰　☎075-561-1155

map➤p84

京都市美術館

〈岡崎〉

Kyotoshi bijutsukan

昭和8
1933

洋の体に和の冠を載せる

コンクリートの躯体に和風の屋根を頂く「帝冠様式」

木鼻（きばな＝柱から突き出た部分に彫刻を施した部材）のようなものの上に千鳥破風が載る

左右対称の階段を中心に据えるのはバロック的手法。階段室周りの装飾は見ごたえあり

昭和天皇の大礼を記念して、市民の寄付で建設された美術館です。デザインは公募で決定され、その条件には「日本趣味ヲ基調トスルコト」とありました。その結果、ファサード中央には城郭建築風の千鳥破風があしらわれ、また格天井や照明器具などにも日本風の要素が取り入れられることとなりました。コンクリートのボディに和風の瓦屋根を載せるこうした建築は帝冠様式と呼ばれ、昭和初期に流行しました。合理的で機能的というモダニズム建築の長所を生かしつつ、同時に日本の独自性をわかりやすく打ち出そうとした動きといえます。

a. 和風の格天井にステンドグラス。日本オリジナルの橘文様
b. 扉の装飾。中心は桐、周りには古代オリエント風の唐草文
c、d. 2階ホールと玄関ホールのタイル。足元も見逃せない

Data

構造:鉄筋コンクリート造
設計者:前田健二郎、京都市営繕課

京都市左京区岡崎円勝寺町124
☎075-771-4107　9:00〜17:00（入館は16:30まで）月曜休　*map➤p84*

〈北白川〉

進々堂
Shinshindou

昭和5
1930

京都大学の向かいに位置。モダンと古典を取り合わせた、自由なデザイン

使い方自由、学生街のサロン

個性的な老舗喫茶店が多い京都。進々堂は学生文化を育んできた場です。設計は店主自らが手がけました。光と視線を誘導する大きな窓と、広々したホールが特徴。出入りのしやすいサロンのような空間です。往来を眺めつつ窓辺でお茶を飲むという体験は、今でこそ当たり前ですが当時は斬新だったはず。そして、読書から勉強会までフレキシブルに使える大きなテーブル。京都にもパリのカルチェ・ラタンのような学生街を、という店主の願いが表れています。

重厚なナラ材のテーブルと長椅子は、人間国宝の木工家、黒田辰秋が無名時代に製作したもの

（上）パンのショーケースはアール・ヌーヴォー風。横にはタイル張りの円柱
（下）入口の看板。店内は静謐だが広々して見通しがよい

Data

構造：木造
設計者：続木斎

京都市左京区北白川追分町88　☎075-701-4121
🕘8:00〜18:00　火曜休　***map➢p86***

〈三条御幸町〉

1928ビル

1928 building

昭和3
1928

アーチの美しい3階ホール。イベントスペースとして一般利用できる

アール・デコ風のポップなビル

進取の気質に富む武田五一が、アール・デコを取り入れて設計した毎日新聞社の京都支局です。アール・デコは直線や幾何学形を多用した装飾様式で、モダンな生活にふさわしい大衆的な装飾として、二十世紀初めに世界的に流行しました。四角い窓庇や菊型バルコニー、星型窓などが、ポップでグラフィカルなファサードを構成しています。一九九八年には気鋭建築家の若林広幸氏がビルを買い取って改修し、アートな複合施設へ生まれ変わりました。

ポップでかわいいファサード。壁のオレンジ色はじつはオリジナルに近い色

社章をモチーフにした星型の窓。当時の新聞社屋には食堂や理髪店が備わっており、市民にも開放されていた

Data

構造:鉄筋コンクリート造

設計者:武田五一

京都市中京区三条御幸町東南角 **map➤p84**

郊外住宅の理想形
駒井家住宅

〈北白川〉
昭和2
1927

急激に増えた人口に対処するため、大正後期から郊外住宅地の開発が盛んに進められました。そんな住宅地の一つ、北白川に駒井家住宅は建てられました。当時アメリカで流行したスパニッシュ様式を用い、全体的に開口部を広く取った、ゆったりした住宅です。華美ではありませんが、窓の形や大きさが部屋に合わせて細かく変えられるなど、隅々まで気配りの行き届いたデザインです。また洋館ではありますが、和室も巧みに取り入れています。使いやすく健康的で心地よいすまいという、ヴォーリズの理想がよく表れた住宅です。

柔らかな曲線が美しい階段。
西向きのステンドグラスは
夕日が差すと金色に輝く

a

c

b

a. 1階は食堂、居間、サンルームが大きな開口部でつながれ、開放的 b. 1階の和室。外から見ると洋風窓で、統一感を損ねない c.アメリカン・スパニッシュ様式の玄関周り d. e. 窓の形や大きさは部屋の性格に合わせて細かく変えられている f. ヴォーリズ建築でよく使われるクリスタルのドアノブ g. ヴォーリズは光あふれる健康的な生活を目指した

f

d

g

e

Data

構造：木造
設計者：ヴォーリズ建築事務所

京都市左京区北白川伊織町64　075-724-3115
一般公開日：金曜、土曜10:00〜15:00　map➢p86

近代建築MAP

京大附属病院
聖護院
鴨川
新島旧邸 p27
神宮丸太町
寺町通
御幸町通
麩屋町通
平安神宮
川端通
京都会館
京阪本線
東大路通
京都市美術館 p72
琵琶湖疏水
京都市役所 p62
京都市役所前
白川
三条京阪
東山
地下鉄東西線
三条
1928ビル p78
先斗町歌舞練場 p68
花見小路通
河原町通
神宮道
縄手通
知恩院
河原町
レストラン菊水 p54
祇園四条
八坂神社
円山公園
南座 p70
長楽館 p32
藤井大丸
高島屋
阪急
東華菜館 p50

市内中心部

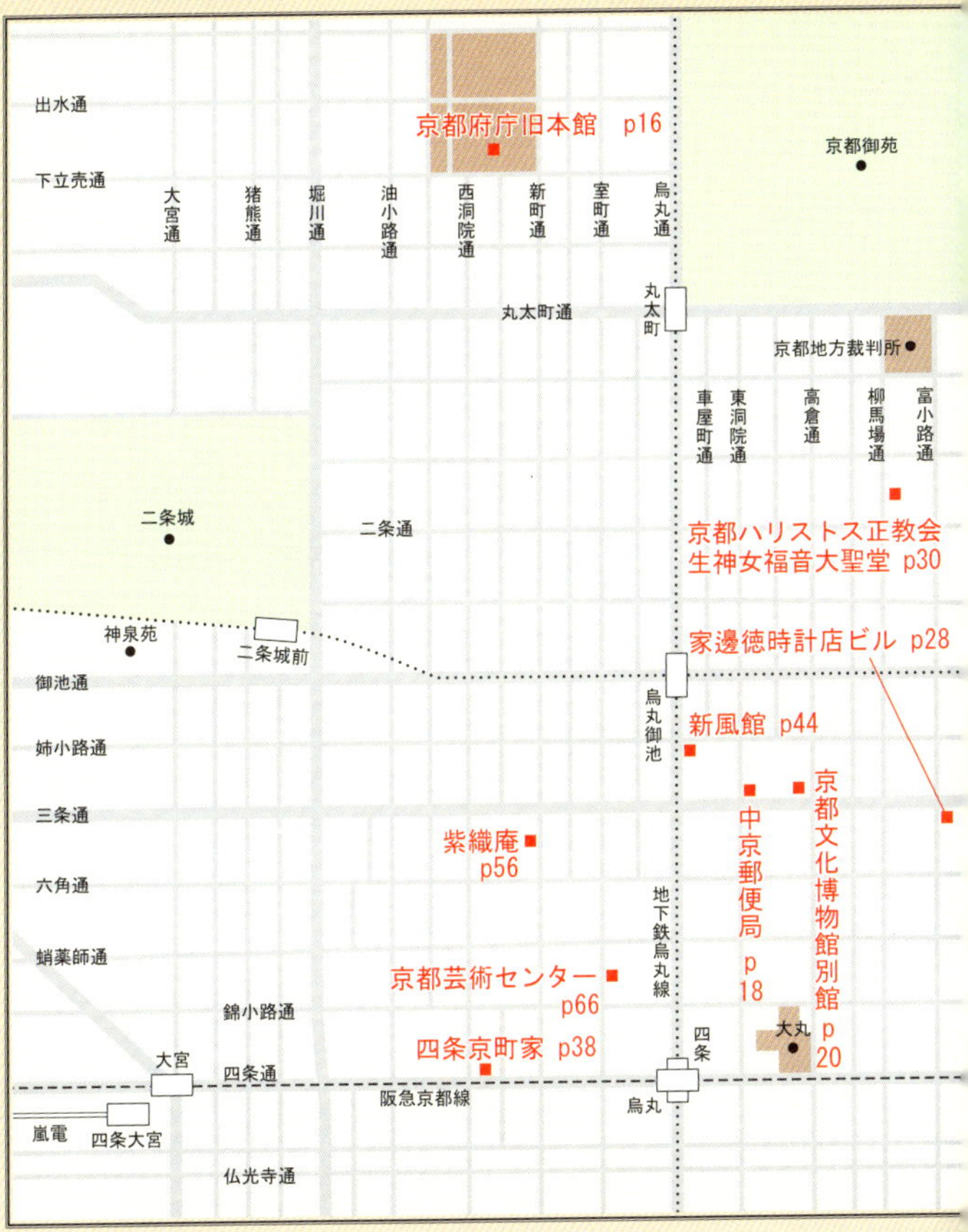
出水通
下立売通
京都府庁旧本館 p16
京都御苑
大宮通
猪熊通
堀川通
油小路通
西洞院通
新町通
室町通
烏丸通
丸太町通
丸太町
京都地方裁判所
車屋町通
東洞院通
高倉通
柳馬場通
富小路通
二条城
二条通
京都ハリストス正教会
生神女福音大聖堂 p30
神泉苑
二条城前
家邊徳時計店ビル p28
御池通
烏丸御池
新風館 p44
姉小路通
中京郵便局 p18
京都文化博物館別館 p20
三条通
紫織庵 p56
六角通
地下鉄烏丸線
蛸薬師通
京都芸術センター p66
錦小路通
大丸
四条
大宮
四条京町家 p38
四条通
阪急京都線
烏丸
嵐電
四条大宮
仏光寺通

- 水路閣　p36
- ねじりまんぽ　p37
- 蹴上発電所　p37

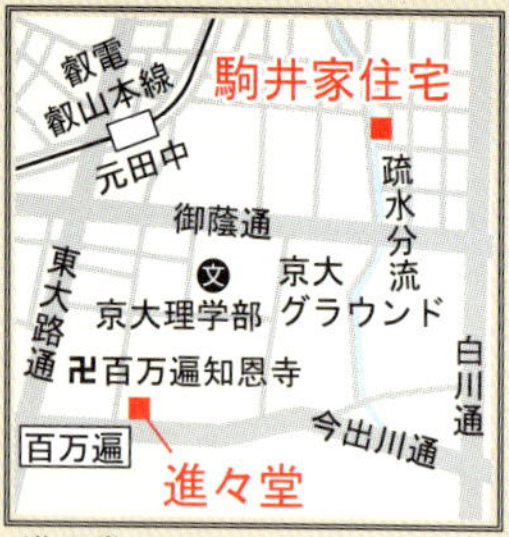

- 進々堂　p76
- 駒井家住宅　p80

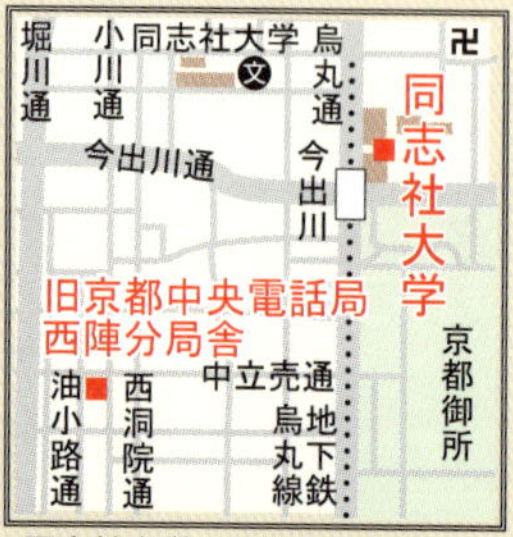

- 同志社大学　p24
- 旧京都中央電話局西陣分局舎　p48

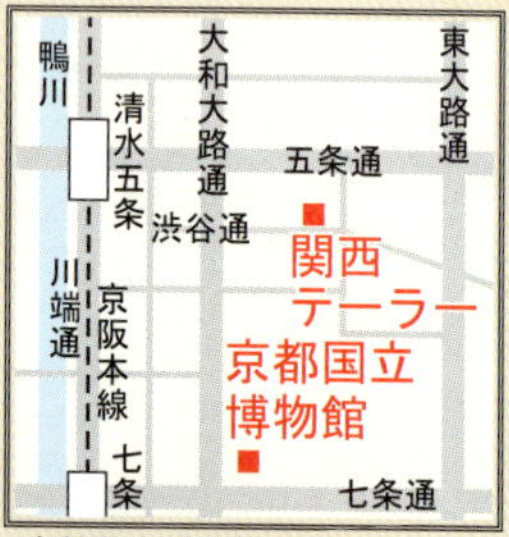

- 京都国立博物館　p12
- 関西テーラー　p35

- セカンドハウス西洞院店　p46

1928ビル

たかぎみ江（ぽむ企画）
東京生まれ。京都大学で建築を学ぶ。大学院在学中に平塚桂とライターユニット「ぽむ企画」を結成し、建築に関係する文章やイラストを新聞・雑誌等に寄稿するようになる。現在も京都を拠点に建築ライターとして活動中。　http://pomu.tv/

ポケットに京都ひとつ

らくたび文庫　No.034

京の近代建築

2008年9月25日　初版発行

発行所　株式会社コトコト
〒600-8119
京都市下京区河原町五条南西角 昭栄ビル4F
TEL　075-342-3711
FAX　075-352-3133
http://www.koto-koto.co.jp

編集・制作
株式会社 らくたび
TEL 075-352-0163
http://www.rakutabi.com

印刷	カミヨ株式会社
製本	新生製本株式会社

企画・文・イラスト	たかぎみ江（ぽむ企画）
編集	佐藤理菜子
撮影	福尾行洋
デザイン	平下薫（株式会社桜風舎）
地図製作	花村智美